LITTLE JAMIE BOOK

What It's Like to Be...
Qué se siente al ser...

PELÉ

BY/POR
TAMMY GAGNE

TRANSLATED BY/
TRADUCIDO POR
EIDA DE LA VEGA

Mitchell Lane
PUBLISHERS

P.O. Box 196
Hockessin, Delaware 19707
Visit us on the web: www.mitchelllane.com
Comments? email us:
mitchelllane@mitchelllane.com

Mitchell Lane
PUBLISHERS

Printing   1   2   3   4   5   6   7   8   9

A LITTLE JAMIE BOOK

What It's Like to Be . . .	Qué se siente al ser . . .
America Ferrera	América Ferrera
George López	George López
Jennifer López	Jennifer López
The Jonas Brothers	Los Hermanos Jonas
Kaká	Kaká
Mark Sánchez	Mark Sánchez
Marta Vieira	Marta Vieira
Miley Cyrus	Miley Cyrus
Pelé	Pelé
President Barack Obama	El presidente Barack Obama
Ryan Howard	Ryan Howard
Shakira	Shakira
Sonia Sotomayor	Sonia Sotomayor
Vladimir Guerrero	Vladimir Guerrero

Library of Congress Cataloging-in-Publication Data has been applied for.

Gagne, Tammy.
 What it's like to be Pelé? / by Tammy Gagne ; translated by Eida de la Vega = ¿Qué se siente al ser Pelé? / por Tammy Gagne ; traducido por Eida de la Vega.
   p. cm. — (A little Jamie book = Un libro little Jaime)
 Includes bibliographical references and index.
 ISBN 978-1-58415-993-3 (library bound)
1. Pelé, 1940– — Juvenile literature. 2. Soccer players — Brazil — Biography — Juvenile literature. I. Title. II. Title: ¿Qué se siente al ser Pelé?
GV942.7.P42G34 2011
 796.334092 — dc22
 [B]
                                                                        2011012540

eBook ISBN: 9781612281407

PUBLISHER'S NOTE: The following story has been thoroughly researched, and to the best of our knowledge represents a true story. While every possible effort has been made to ensure accuracy, the publisher will not assume liability for damages caused by inaccuracies in the data and makes no warranty on the accuracy of the information contained herein. This story has not been authorized or endorsed by Pelé.

PLB

What It's Like to Be... / Qué se siente al ser...

PELÉ

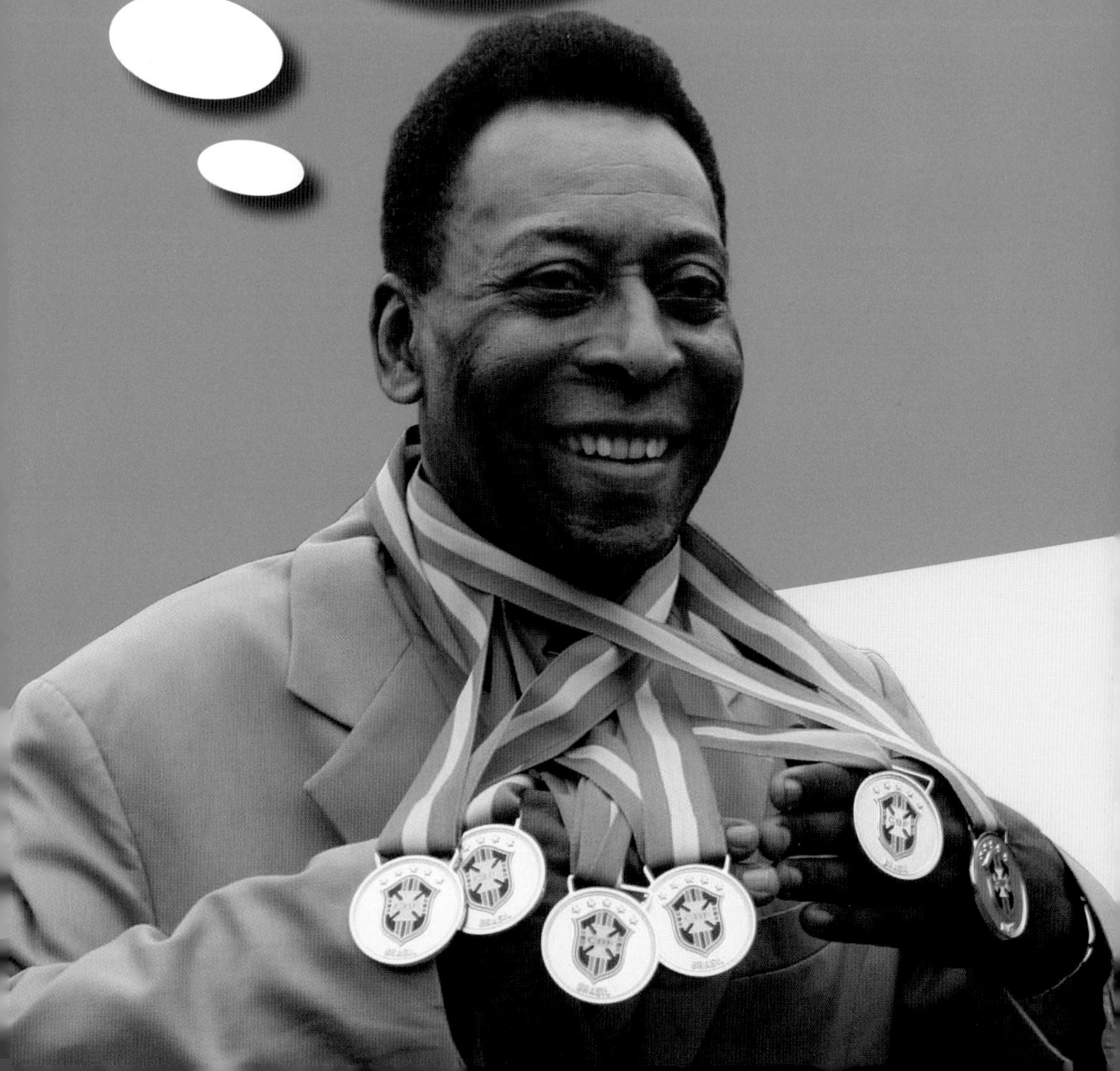

The most famous soccer player in the world is known by just a single name: Pelé. Many people say Pelé is the greatest athlete who has ever played soccer.

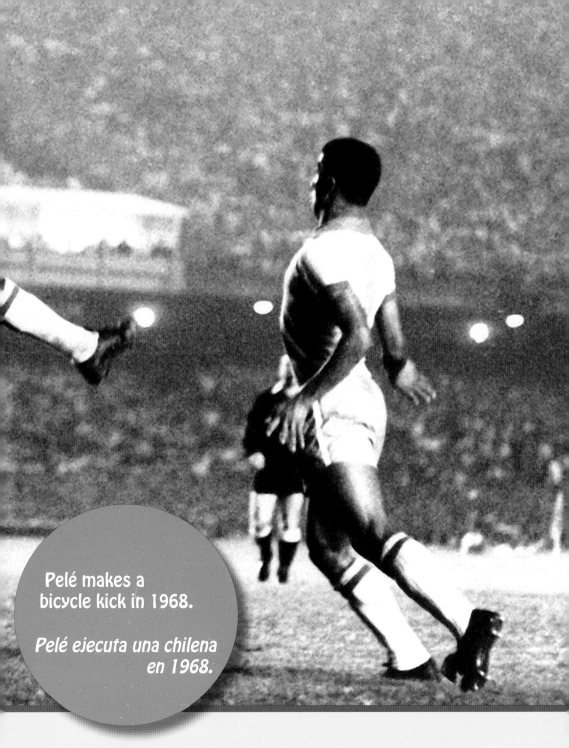

Pelé makes a
bicycle kick in 1968.

Pelé ejecuta una chilena
en 1968.

El jugador de fútbol más famoso del mundo se conoce
sólo por un nombre: Pelé. Mucha gente dice que Pelé es el
mejor atleta que ha jugado fútbol.

Pelé's real name is Edson Arantes do Nascimento. When he was a boy, one of his heroes was the goalie called Bilé. Edson would say, "I want to be just like Bilé!" But because he was so young, he couldn't say the name quite right. It sounded like Pelé. Edson's classmates began calling him Pelé in teasing. At first he didn't like being called Pelé, but over time it grew on him. "Now," he says, "it's known across the world, and I don't mind so much."

El verdadero nombre de Pelé es Edson Arantes do Nascimento. Cuando era niño, uno de sus héroes era el portero Bilé. Edson decía: "¡Quiero ser como Bilé!". Pero como era tan pequeño, no podía pronunciar bien el nombre. Sonaba como Pelé. Sus compañeritos de escuela empezaron a bromear con él llamándolo Pelé. Al principio no le gustaba que lo llamaran Pelé, pero con el tiempo se acostumbró. "Ahora", dice, "se conoce en todo el mundo y ya no me importa mucho".

Pelé has businesses that make coffee and T-shirts.

Pelé tiene negocios de café y camisetas.

Pelé tends goal in 1966.

Pelé actúa como guardameta en 1966.

REVISTA DO ESPORTE
todo esporte em revista tôda semana
Nº 174
Cr$ 30,00

Pelé in 1958

Pelé en 1958

8

Pelé was only 17 years old when he played in his first World Cup in 1958. He scored a total of six goals. Two of them were in the final game between Brazil and Sweden, which Brazil won 5 to 2. Pelé was asked to play on the national team again in 1962. Again, Brazil became the world soccer champions. In 1970, Pelé became the only person in history to have won three World Cups.

His first soccer ball was a grapefruit.

Su primer balón de fútbol fue una toronja.

Pelé sólo tenía 17 años cuando jugó en su primera Copa Mundial, en 1958. Anotó un total de seis goles. Dos fueron en el partido final entre Brasil y Suecia, que Brasil ganó 5 a 2. A Pelé le volvieron a pedir que jugara en la selección nacional en 1962. Y de nuevo, Brasil fue el campeón del mundo. En 1970, Pelé se convirtió en la única persona en la historia en ganar tres Copas Mundiales.

When Pelé retired from Brazilian soccer in 1972, most people thought he was finished playing altogether. He surprised them all three years later. That's when he decided to play in the United States for the New York Cosmos. Pelé is the reason many Americans became interested in soccer.

Cuando Pelé se retiró del fútbol brasileño en 1972, casi todo el mundo pensó que ya no iba a jugar más. Pero sorprendió a todos tres años después, cuando decidió jugar en los Estados Unidos para los Cosmos de Nueva York. Fue Pelé quien motivó a muchos norteamericanos a interesarse en el fútbol.

Pelé scored 1,283 first-class goals in his career.

Pelé anotó 1,283 goles de primera en su carrera.

KELLY CRISTINA

Pelé is not just a superstar. He is also a family man. In
1994, Pelé married Assíria Lemos Seixas. He has several
children, including twins Celeste and Joshua with Assíria,
and Kelly Cristina, Jennifer, and Edson with his first wife,
Rosemeri dos Reis Cholby.

ASSÍRIA LEMOS SEIXAS

Pelé no es sólo una superestrella. También es un hombre de familia. En 1994, Pelé se casó con Assíria Lemos Seixas. Tiene varios hijos, incluidos los gemelos Celeste y Joshua, con Assíria; y Kelly Cristina, Jennifer y Edson con su primera esposa, Rosemeri dos Reis Cholby.

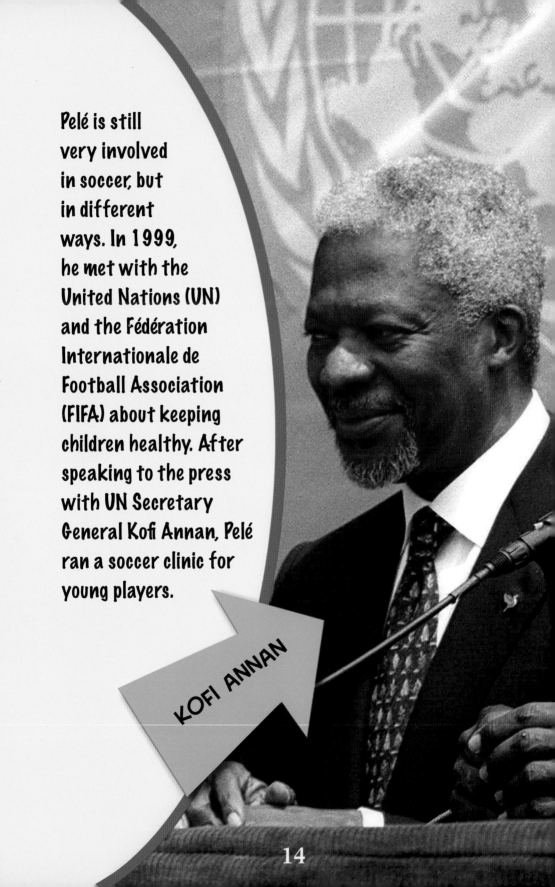

Pelé is still very involved in soccer, but in different ways. In 1999, he met with the United Nations (UN) and the Fédération Internationale de Football Association (FIFA) about keeping children healthy. After speaking to the press with UN Secretary General Kofi Annan, Pelé ran a soccer clinic for young players.

KOFI ANNAN

Pelé todavía está muy involucrado en el fútbol, pero de maneras diferentes. En 1999, se reunió con la Organización de Naciones Unidas (ONU) y la Federación Internacional de Fútbol Asociación (FIFA) para tratar el tema de mantener a los niños saludables. Después de hablar con Kofi Annan, el Secretario General de la ONU, Pelé condujo seminarios de fútbol para jugadores jóvenes.

NELSON
MANDELA

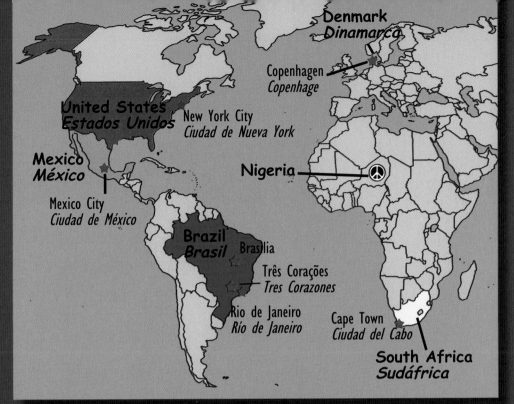

One could say that Pelé brought peace to Nigeria. Fighting in a civil war actually stopped while he played soccer there in the 1960s.

Se puede decir que Pelé trajo la paz a Nigeria. Las batallas durante la guerra civil se detuvieron mientras él jugaba allí en la década de 1960.

When former President of South Africa Nelson Mandela turned 89, Pelé was there for the celebration. The festivities, held in 2007, included a soccer match in Cape Town. It featured players from all over the world.

Cuando el ex presidente de Sudáfrica, Nelson Mandela, cumplió 89 años, Pelé asistió a la celebración. Las festividades, que tuvieron lugar en 2007, incluyeron un partido de fútbol en Ciudad del Cabo. Hubo jugadores de todo el mundo.

17

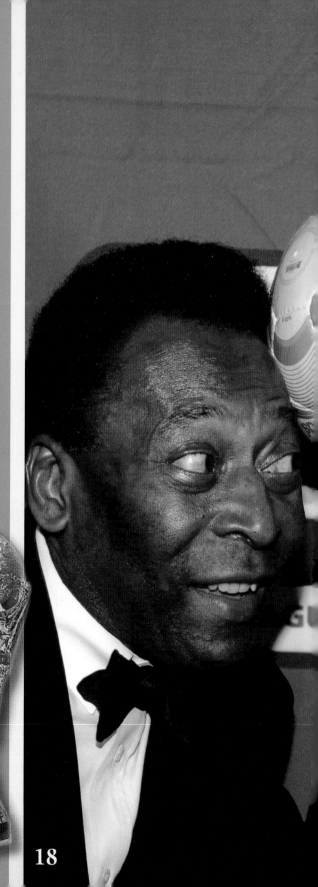

Pelé continues to win soccer awards. Soccer superstar David Beckham presented him with a lifetime achievement award in 2008. "For me to be here to present this to the greatest sportsman of all time, I feel particularly honored," Beckham said. "This absolutely is a highlight."

World Cup Trophy

Trofeo de la Copa Mundial

DAVID BECKHAM

Pelé continúa ganando premios de fútbol. La superestrella de fútbol, David Beckham, le entregó un premio a su trayectoria en el 2008. "Me siento particularmente honrado de estar aquí, entregándole este premio al deportista más grande de todos los tiempos", dijo Beckham. "Es un momento para atesorar".

Pelé's footprints are in the Football (Soccer) Walk of Fame in the Maracanã Stadium in Rio de Janeiro, Brazil.

Las huellas de Pelé están en el Salón de la Fama del Fútbol en el estadio Maracaná, en Río de Janeiro, Brasil.

Like the World Cup, the Olympics are held in a different country every four years. Many countries compete to host these games. In 2009, Pelé traveled to Copenhagen, Denmark, where people would vote on the site of the 2016 Summer Olympics. The winner was Rio de Janeiro in Pelé's home country, Brazil. When the Olympians arrive, some of them will stay in the King Pelé Olympic Village in Brasilia.

Como la Copa Mundial, las Olimpiadas se celebran en un país diferente cada cuatro años. Muchos países compiten para que les den la sede de estos juegos. En el 2009, Pelé viajó a Copenhague, Dinamarca, donde iban a decidir dónde se celebrarían las Olimpiadas de Verano del 2016. El ganador fue Río de Janeiro, en Brasil, el país natal de Pelé. Cuando los atletas olímpicos lleguen, algunos se hospedarán en la Villa Olímpica Rey Pelé, de Brasilia.

Pelé carried the Olympic Torch in 2004.

Pelé llevó la antorcha olímpica en 2004.

In February 2010, Pelé visited Mexico City for the Copa Libertadores. This famous soccer competition has taken place every year since 1960. It begins in February and can last until as late as August. When Brazil team Internacional won the Copa Libertadores in August 2010, Pelé was there to award the team with the trophy.

En febrero del 2010, Pelé visitó Ciudad de México para la Copa Libertadores. Esta famosa competencia deportiva se ha celebrado cada año desde 1960. Empieza en febrero y puede durar hasta agosto. Cuando el equipo brasileño Internacional ganó la Copa Libertadores en agosto del 2010, fue Pelé quien le entregó el trofeo.

24

Even though Pelé is considered an international legend, he still takes time to visit with his fans. How many soccer balls do you think he has signed over the years?

Aunque Pelé es considerado una leyenda internacional, todavía atiende a sus admiradores. ¿Cuántos balones de fútbol crees que ha firmado todos estos años?

The time and effort that Pelé still devotes to the game of soccer makes it easy to see how he accomplished all he did on the field. "Success is no accident," he has said. "It is hard work, perseverance, learning, studying, sacrifice and most of all, love of what you are doing or learning to do."

El tiempo y el esfuerzo que Pelé aún dedica al juego de
fútbol, explica cómo logró lo que logró en el terreno. "El éxito
no es un accidente", ha dicho. "Es trabajo duro,
perseverancia, aprendizaje, estudio, sacrificio y, lo más
importante, amor a lo que haces o a lo que estás
aprendiendo".

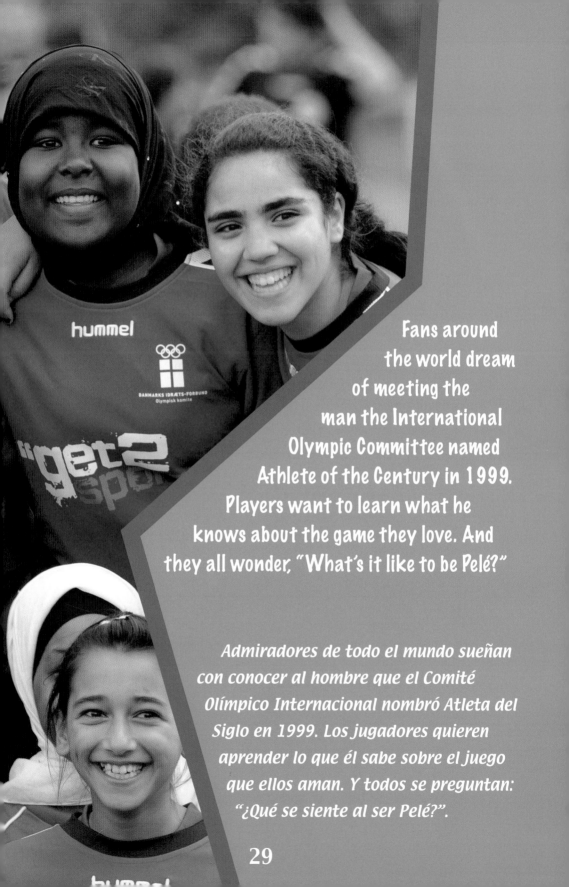

Fans around the world dream of meeting the man the International Olympic Committee named Athlete of the Century in 1999. Players want to learn what he knows about the game they love. And they all wonder, "What's it like to be Pelé?"

Admiradores de todo el mundo sueñan con conocer al hombre que el Comité Olímpico Internacional nombró Atleta del Siglo en 1999. Los jugadores quieren aprender lo que él sabe sobre el juego que ellos aman. Y todos se preguntan: "¿Qué se siente al ser Pelé?".

29

GLOSSARY

achievement (uh-CHEEV-munt) — A result gained by hard work.

Copa Libertadores (KOH-pah lih-bayr-tuh-DOR-ayz) — A soccer competition for the winners of the 10 South American soccer associations.

Fédération Internacionale de Football Association (feh-deh-ras-ee-ON in-ter-nas-ee-oh-NAL de FUT-bol ah-soh-see-AH-see-ohn) — Called FIFA (FEE-fah) for short, the official governing body of football (soccer).

goalie (GOH-lee) — The player on the soccer field whose main job is protecting the net to keep the other team from scoring; also called the goalkeeper.

perseverance (per-suh-VEER-unts) — Continuing to try even when things get tough.

professional (proh-FEH-shuh-nul) — Doing something, such as playing a sport or writing, as a job.

United Nations (yoo-NY-ted NAY-shuns) — An international organization whose goal is world peace.

World Cup (WORLD KUP) — An international soccer competition that takes place every four years.

GLOSARIO

Copa Libertadores — Una competencia de fútbol para los ganadores de las 10 asociaciones de fútbol de América del Sur.

Copa Mundial — Una competencia internacional de fútbol que se celebra cada cuatro años.

Federación Internacional de Fútbol Asociación — Llamada comúnmente FIFA, es la institución que gobierna las federaciones de fútbol.

logros — Resultados obtenidos a través de un trabajo duro.

Organización de Naciones Unidas — Una organización internacional cuyo objetivo es la paz mundial.

perseverancia — Continuar tratando incluso cuando las cosas se ponen difíciles.

portero — El jugador cuyo trabajo principal en el campo de fútbol es proteger la portería para evitar que el otro equipo anote; también llamado guardameta.

profesional — Dedicarse a hacer algo como trabajo; por ejemplo, jugar un deporte o escribir.

FURTHER READING/LECTURAS RECOMENDADAS

Books/Libros

Brown, Monica. *Pelé, King of Soccer/Pelé, El rey del fútbol*. New York: HarperCollins/Rayo, 2008.

Pelé. *For the Love of Soccer*. New York: Hyperion Books, 2010.

Pelé. *Por amor al fútbol*. New York: Hyperion Books, 2010.

Works Consulted/Obras consultadas

"David Beckham Pays Tribute to Legendary Pelé." *People Magazine*, March 20, 2008.

Drezner, Daniel W. "The Soccer Wars." *Washington Post*, June 4, 2006.

Federation Internationale de Football (FIFA) http://www.fifa.com/

FIFA.com. "FIFA and U.N. Heads Meet in New York." June 18, 1999. http://www.fifa.com/newscentre/news/newsid=70870.html

Forji, Amin George. "90 Minutes for Nelson Mandela: More Than Just a Game." *The Bleacher Report*, July 19, 2007. http://bleacherreport.com/articles/1410-90-minutes-for-nelson-mandela-more-than-just-a-game

Hersch, Hank. "Pelé." *Sports Illustrated*, September 19, 1994, Vol. 81, Issue 12, p. 122.

Horovitz, Bruce. "Pelé Scores with Endorsement Deals." *USA Today*, May 7, 2002.

International Football Hall of Fame: Pelé. http://www.ifhof.com/hof/pele.asp

Lucenko, Leonard K. *Great Athletes.* "PELÉ Edson Arantes do Nascimento," Pasadena, CA: Salem Press, 2001.

Macur, Juliet. "Rio Wins 2016 Olympics in a First for South America." *The New York Times,* October 2, 2009. http://www.nytimes.com/2009/10/03/sports/03olympics.html?_r=1

Pelé. "From Edson to Pelé: My Changing Identity." *The Guardian* (London), May 13, 2006. http://www.guardian.co.uk/football/2006/may/13/sport.comment9

Pelé. *Learn to Play Soccer with Pelé.* 1976. Online at http://www.360soccer.com/pele/peleplay.html

"Pelé's Emotional Moment." *Jet,* July 5, 2004, Vol. 106, Issue 1, p. 50.

Rogers, Kyle. "Pelé: The King of Football." *Faces,* February 2009, Vol. 25, Issue 5, pp. 38–39.

On the Internet

Kids Front: Pelé
http://kidsfront.com/biography/pele_biography.html

SoccerFansInfo.com: Biography of Pelé
http://www.soccer-fans-info.com/biography-of-pele.html

En Internet

Edson Arantes do Nascimento: Breve biografía de hombre de los "mil goles"
http://www.portalplanetasedna.com.ar/pele.htm

Reglamento de fútbol para niños
http://paraunamejorefi.blogspot.com/2009/08/reglamento-de-futbol-para-ninos.html

INDEX/ÍNDICE

ABOUT THE AUTHOR: Tammy Gagne has written numerous children's books about athletes. She is an avid soccer fan and proud soccer mom. Pelé is her second favorite player of all time. Her first is her twelve-year-old son, Alec.

ACERCA DE LA AUTORA: Tammy Gagne ha escrito numerosos libros para niños acerca de atletas. A ella le encanta el fútbol y está muy orgullosa de que su hijo lo practique. Pelé es su segundo jugador preferido de todos los tiempos. El primero es Alec, su hijo de doce años.

ABOUT THE TRANSLATOR: Eida de la Vega was born in Havana, Cuba, and now lives in New Jersey with her mother, her husband, and her two children. Eida has worked at Lectorum/Scholastic, and as editor of the magazine *Selecciones del Reader's Digest*.

ACERCA DE LA TRADUCTORA: Eida de la Vega nació en La Habana, Cuba, y ahora vive en Nueva Jersey con su madre, su esposo y sus dos hijos. Ha trabajado en Lectorum/Scholastic y, como editora, en la revista *Selecciones del Reader's Digest*.